MARIA MAGDALENA

- Ihmisen tytär, Jumalan puoliso

MARJUT MOISALA

MARIA MAGDALENA

- Ihmisen tytär, Jumalan puoliso

Itsenäinen jatko-osa kirjalle Mystinen Ruusu

Kustantaja:
BoD • Books on Demand
GmbH, Helsinki, Suomi

Kirjapaino:
Libri Plureos GmbH,
Hampuri, Saksa

ISBN: 978-952-80-8230-9

MINÄ OLEN

Ehje a er –Minä Olen se joka Olen. Näin lausui Jumala Moosekselle, ilmoittaessaan itsensä. Minä – Olen -läsnäolo on yhtä kuin korkeimmasta korkein. Sen läsnäolon Sinä löydät Itsestäsi. Se on jokaisen luodun syvin ja tosin olemus. Eikä ole muuta olemusta eli Elämää Sinussa tai kenessäkään kuin se Yksi: Minä – Olen. Oleminen.

Tämä on totuus, josta tahdon aloittaa oman kirjani. Kirjan, joka kertoo feminiinisestä Kristuksesta ja Jumalattaresta. Minä – Olen sisältää niin miehen kuin naisen, niin tunteen kuin älyn, niin toiminnan kuin levon. Maailman tasolla, jossa kaksinaisuus ilmenee ja ohjaa, ovat nämä vaihtoehdot olemassa. Ykseydessä ne eivät elä.

Me emme voi kuitenkaan hypätä suoraan Ykseyteen, ellemme ole tasapainottaneet kaksinaisuutta Itsessämme. Vain tasapainosta syntyy rauha, johon rakkauden kukka juurtuu. Mystisen ruusun harjoitteet, joita puolisoni Jeshuan kanssa harjoitimme ylösnousemuksen polulla, ovat oiva tapa tasapainottaa kaksinaisuuden virtaukset ihmisen pojassa ja tyttäressä.

Kun tasapaino on vakaa, voi ihmisen pojasta tai tyttärestä syntyä henkisen transformaation kautta Jumalan puoliso. Jumala, Minä – Olen, sisälläsi edus-

7

taa sitä yhtä, johon voit yhtyä olitpa ihmisenä kumpaa sukupuolta tahansa tai et kumpaakaan...

Minä – Olen, on Kristus sinussa. Kun sinusta tulee Jumalan morsian tai Jumalattaren sulhanen, on sulautuminen jo alkanut. Se on kuitenkin prosessi ja kestää aikansa.

Kun prosessi on valmis, sinä kyllä tiedät sen ja tunnet sen. Olet uusi.

Maan ihmisestä on tullut Taivaallinen olento. Maa ja Taivas yhtyvät sinussa. Tanssivat sinun avarassa tietoisuudessasi ja annat kunnian sille, jolle se kuuluu... Todelliselle Itsellesi.

Minä koin samat vaiheet kuin sinäkin henkisellä polullani. Tulin tuntemaan aineeseen vetävät voimat ja henkeen vetävän todellisen Voiman. Tämä ristiriita vahvisti ja toi minuun tiedon siitä, mitä en ole. Jonka jälkeen oivalsin, mitä TAHDON olla. Kun tämä oivallus oli imeytynyt itseeni, oli suunta selvä ja kuljin pois egon johdatuksesta Jumalan johdatukseen. Minusta tuli Jumalan puoliso myös konkreettisesti, puolisoni Jeshuan yltäessä ensimmäisenä meistä Kristustietoisuuteen.

Hänen valonsa loisteessa paistatellessani tulivat olemukseni pimeät loukot valaistua ja sain siivota taloni perusteellisesti ja viimein myös itse sain kokea, mitä on, kun "Minä ja Isä/Äiti Olemme Yhtä".

Mutta miten tämä kaikki tapahtui konkretian tasolla, joka tietenkin on vain tarina tarinoitten joukossa? Tämä tarinani voi olla avuksi heille, jotka kulkevat samanlaisia polkuja. Siksi jaan sen ja toivon sinun nauttivan astuessasi näitä polkuja kanssani.

VALMISTAUTUMINEN

Synnyin Mestaripuolisoni Jeshuan sukuun siten, että olimme yhden suuren perheen yhteisiä lapsia. Yhteisön lapsia. Koin, että meillä oli monta rakasta vanhempaa ja serkkujen ja kaukaisempien sukulaisten tapaamisissa oli aina todella paljon tuttuja, läheisiä ja kaukaisempiakin ystäviä, joita harvemmin nähtiin. Lapsuusaikani muistan onnellisena ja vauraana. Äitini ja hänen sisarensa opettivat meitä lapsia talon töihin, mutta meillä oli myös palvelijoita ja paljon tehtiin yhdessä.

Henkisyys ei kiinnostanut enempää, kuin mitä se tuli äidinmaidossa nauttien, luonnollista tietä. Suku ja isoäiti Annan johtama Essealaisyhteisömme eli tiettyjen vuoden kiertoon liittyvien rituaalien mukaan, mutta eniten kuitenkin sisäisten intuitiivisten sääntöjen mukaan. Vaikka todellinen Ykseys ei vielä asunut sydämessäni, niin olin intohimoinen tuntemaan Pyhän Äidin eli Jumalattaren voiman varsinkin murrosiän aikana ja sen jälkeen. Pyhä seksuaalisuus, Kuun vaiheet, yrttien voima ja Pyhä tuli eli Sekinnah tulivat tietoisuuteeni ryminällä myös aiempien elämän kokemusten eli inkarnaatioiden muodossa, kun aloin muistaa.

Jälleensyntymismuistia voi myös harjoittaa, mutta vasta kun on tarpeeksi armollisuutta ja viisautta hyväksyä se kaikki, mitä tietoisuus sisältää, myös ne tummat ja likaiset sävyt elämän kankaan kirjailuissa.

Koin siis Jumalattaren voiman sisimmässäni hyvin suurella intensiteetillä.

Olin ihastunut Jeshuaan kuten moni muukin ikäiseni tyttö. Jeshuan karisma oli voimakas ja hän otti jokaisen lähellään olevan huomioon, saaden jokaisen tuntemaan itsensä erityiseksi, vaikka mestarille jokainen oli vain se Yksi; Yhden ilmentymä ja Yhden valon loiste.

Aiemmin Mystinen Ruusu -teoksessa kerroin olleeni hyvin mustasukkainen, omistava Jeshuankin suuntaan. Halusin, että hän hymyilisi vain minulle, että olisin erityisistä erityisin, tärkeistä tärkein ja Jumalattaren edustajista kaunein. Mutta niin koki varmasti moni muukin neito ja laajan sukumme vanhimmat halusivat myös vahvistaa liittoutumista toisten sukujen kanssa ja näin valita Jeshualle puolison, joka parhaiten sopi tähän ajatukseen.

Kuitenkin todellisuudessa vain henkiset lait ja yhteenkuuluvuudet ratkaisevat, ja tuokin Jeshuan ensimmäinen puoliso Myriam oli tietenkin henkisten lakien mukaan hänelle tarkoitettu puoliso ja minulle tarkoitettu suuri karmallinenkin läksy.

Kun kuulin heidän häitään juhlittavan, en voi kehua iloinneeni heidän puolestaan. En tahtonut mennä paikalle lainkaan, vaan tunsin, että sydäntäni revittiin irti rinnastani tuskallisesti pala palalta. Koin sen hyvin fyysisenä. Äitini tiesi tämän kaiken, mutta hän näki myös, että itsekkäät luonteenpiirteeni piti suitsia, jotta voisin elää hyvää elämää aikuisena. Hänellä ja isälläni oli kova työ kasvattaa minusta se aikuinen, jollaisena minut onneksi tultiin muistamaan, mestarini puolisona ja Suuren Työn auttajana.

Olinkin helpottunut kun vanhemmat halusivat lähettää minut ja serkkuni Egyptin ystävien luokse oppimaan vihkimyksien salaisuuksia. Henkiset vihkimykset kiinnostivat jonkin verran tuolloin, mutta eniten kiinnosti päästä pois näkemästä ja kuulemasta Jeshuan tekemisistä ja uudesta liitosta ja samalla tyttömäisellä innolla tahdoin kokea Egyptin kulttuurin, sen naisille tarjoamat turhamaisuudet, hajuvedet, kylvyt ja mahtavat muistomerkit joista olimme kuulleet meitä ennen siellä käyneiltä.

Matkaan emme toki lähtenee ilman saattajia ja sukulaisten tukea ja isäni Joosef Arimatialainen järjesti matkan yksityiskohdat tarkasti turvallisuuttamme varjellen. Minä luulin meneväni lähinnä kulttuurimatkalle ja kokemaan Egyptin eksotiikkaa, kuinka vähän tiesinkään siitä, mitä tuleman piti.

FAARAOIDEN MAASSA

Egypti oli minulle eksotiikan puolesta kaikkea sitä mitä odotinkin. Olin haaveillut pitkään saavani vierailla tässä sivistyksen kehdossa, vaikkakin se nyt olikin osin vieraan vallan eli Roomalaisten alla, kuten niin suuri osa muutakin maailmaa oli tuolloin. Rooma oli kuin syöpäläisten armeija, joka marssi maahan kuin maahan kyselemättä, tehden teitään isoille joukoille marssittavaksi, tuhoten ja nostattaen pölyä ja pelkoa. Egypti oli säilyttänyt osan itsenäisyyttään, mutta tasapaino oli heiluvainen.

Isäni Joosef Arimatialainen oli kauppias ja kapteeni sekä hyvä neuvottelija ja hänen maineensa oli kiirinyt kauas kauppalaivojen varustajana, siksi meidän oli suhteellisen turvallista matkata hänen miestensä ja omien sukulaistemme kanssa. Aleksandria oli meidän kaupunkimme, jossa Isoäiti Anna oli asunut pitkään ennen paluutaan Pyhälle Maalle Karmeliin. Niinpä mekin tiesimme saavamme sydämellisen vastaanoton ja majoituksen Aleksandriasta ystäviemme luota.

Isäni miehet erkaantuivat meistä, kun olimme turvallisesti määränpäässä. Oma sukumme pieni ryhmä, kahdeksan ystävää majoittuivat kahteen eri kotiin Aleksandriassa. Tarkoituksemme matkalle ei ollut kaikilla sama. Minä ja serkkuni Mariam majoituimme rakastettavan iäkkäämmän lesken luokse, joka oli ollut suurena tukena isoäiti Annan Egyptissä oleskelun aikaan. Leskirouvan nimi oli Sarah ja hän asui keski-ikäisen naimattoman tyttärensä Rebekan kanssa, joka piti huolta taloudesta kovalla kädellä ja komensi myös meitä, minkä töiltään ehti.

Rebekka oli luonteeltaan luja, mutta hänen sydämensä oli kultaa, kuten tulimme huomaamaan. Tuohon aikaan eivät matkat olleet mitään lyhyitä piipahduksia, vaan kun mentiin kyläilemään, viivyttiin useiden viikkojen ajan, ellei kuukausiakin, riippuen olosuhteista ja matkalaisten tarpeista, sekä kauppalaivojen reiteistä. Välillä kuljimme erilaisia reittejä, välillä palasimme samaa tietä, jota olimme tulleet. Se on kuitenkin varmaa, että minä en palannut

Egyptistä henkisesti samanlaisena kuin mitä mennessäni olin.

Vihkimysteni aika oli tullut, vaikka en itse sitä silloin niin ymmärtänytkään. Suvussamme oli tapana opiskella salatieteitä ja vihkimysten tietä, mutta se kaikki oli minulle enemmänkin, kuin jollekin lukijalle niin sanottu kirkkouskovaisuus. Tapa ja itsestäänselvyys, ilman syvempää oivallusta.

Olin nuori tyttö ja aivan kuten nykyajassanne, minuakin nuorena tyttönä kiinnostivat samat asiat, mitkä ovat kiinnostaneet kautta aikain; kauneus, vaatteet, korut, nuorten miesten katseet ja naurun pyrähdykset ystävien kesken, kun juoruillaan näistä aiheista. Olin siis aivan tavallinen tyttö. Vai olinko sittenkään?

Sydämeni kuului jo Mestaripuolisolleni ja osin tahdoin ottaa vihkimyksiä ja olla "henkinen ihminen" hänen vuokseen. Katsoin, että aivan tavallisena naisena en kelpaisi hänelle. En olisi kyllin hyvä.

Lähtökohtani henkisille opinnoille eivät siis olleet kovin ylevät, mutta joskus tarkoitus pyhittää keinot. Kun aloin harjoittaa, alkoi Henkeni harjoittaa minua ja mitä enemmän NÄIN itseni, sisäisyyteni, kaikkine varjoineenkin, sitä enemmän kauhistuin, tahdoin muuttua, ja muutuin.

Henki on kaikki kaikessa. Kaikki on henkeä. Sitä en kuitenkaan alussa tajunnut, vaan katselin meditaation hetkinä sisäistä maailmaani kuin kauhujen galleriaa. Kuinka paljon alhaisia ajatuksia, halua omistaa, olla ilkeä Jeshuan puolisolle, tarve kehua itseäni ja esittää parhaita puoliani kätkien ne pahimmat. Haluni salata sen mitä näin, ja samalla muuttaa sen? Se ei ollut mitenkään mahdollista. Muutos lähtisi aina siitä, että hyväksyin ja myönsin puutteeni rehellisesti. Ilman rehellisyyttä ei ollut muutosta, vaan vain valhe.

Nämä kaikki puolet itsessäni näin selkeästi, kun aloitin opintoni temppelissä, täysipäiväisenä. Ajoittain juttelimme temppelin papittarien kanssa. Osa heistä oli vanhempia, osa vain omaa ikäämme edustavia, mutta hyvin paljon meitä kehittyneempiä, näin ainakin koin. Mutta yhtä suuri opas kuin temppelin papittaret, oli minulle emäntämme Rebekka, joka välittämättä "arvostamme" eli siitä, että he asuivat isäni omistamassa talossa, laittoi meidät tekemään talon kaikkia töitä, vaikka nirppanokkani ei aina kaikesta tästä olisi välittänyt.

Opin työskentelemään ilman tekijä -minuutta. Siivoamaan talon niin, että siivosin luonteeni pimeitä nurkkia. Pöyhimään tyynyt ja ruokkimaan eläimet, tietäen, että nuo eläimet edustivat omia sisäisiä viettejä ja vaistojani.

Opin olemaan meditaatiossa uurastaessani. Mutta tietenkään emme olleet siellä vain oppimassa henkisyyttä, vaan myös tutustumassa tuohon upeaan maahan aarteineen ja noille matkoille saattajamme, isäni työntekijät, meidät ajoittain veivät. Tiesimme, että pyramideilla harjoitettiin ainakin yhtä eli neljättä vihkimystä; Orisis-Isis vihkimystä eli kuoleman harhan voittamista ja tahdoimme käydä kaikki ne temppelit, joiden tunnelmat ja energiat valmistaisivat pyramidivihkimykseen, ennen kuin menisimme Gizaan.

KOM OMBO

Saimme kunnian purjehtia pitkin Niilin pyhää virtaa Kom Ombon temppeliin pienellä veneellä, joka oli punottu kaisloista. Mukana oli vain Mariam sekä kaksi muuta neitoa Aleksandrian temppelistä, ja tietenkin ohjaajamme ylipapitar Yellah. Kun vene lipui kohden määränpäätä, tunsin oloni samalla sekä hyvin virittyneeksi että jännittyneeksi, mutta myös oudonkin rauhalliseksi. Kom Ombo oli tunnettu tarkoituksestaan pelkojen kohtaamisessa. Egomieli oli ja on edelleen ahkera pelon kätyri keksien yhä uusia tapoja pelotella "omistajaansa" erilaisilla uhkakuvilla "tulevaisuuteen" liittyen. Yleensä nämä uhat se perustelee "menneisyyden" vedenpitävillä todisteilla.

Tiesin kuitenkin jo tuossa vaiheessa, että mennyt ja tuleva ovat vain ajatuksia ja uskomuksia mielen avaruudessa. Eivät mitään todella todellista.

Kuitenkin, vaikka psykologinen pelkoni ei ollut enää kovin suurta, tiesin, että Kom Ombon krokotiilien kohtaaminen oli asia erikseen. Keholla oli omat reaktionsa ja halu pysyä elossa. Kaikki mikä elää, tahtoo säilyttää elämänsä... Ja taistele tai pakene - vietin voittaminen oli eräs tärkeimmistä riiteistä, joita meidän vihittävien oli kohdattava ennen kuin olimme läheskään valmiita kohtaamaan Osiriksen vihkimyksen, haudan riitin eli kuoleman kohtaamisen kasvoista kasvoihin.

Kun nousimme veneestä temppelin edustalla, riensivät tuon paikan nuoret kokelaat meitä vastaan. Heitä oli sekä miespuolisia, että naispuolisia noviiseja, jotka ottivat meidät hellään huomaansa, kuulostellen löytyykö yhteistä kieltä, muualta kuin telepatian aalloilta. Useimmat tai lähes kaikki vihkimystiellä kulkevat pitivät telepatiaa yhtenä tavallisimmista "kyvyistä" joita tällä tiellä tuli esiin. Monet saivat selvänäön tai -kuulon nopeasti ja opettelivat käyttämään erilaisia yliaisteihin liittyviä taitoja, mutta samalla muistimme tai meille teroitettiin voimakkaasti, etteivät taidot olleet SE juttu... Vaan sivutuotetta Jumalaan yhtymisen tiellä, Rakkauden tiellä.

Eräs noviiseista oli nimeltään Jeremiah, tai näin hänen nimensä sinun kielellesi todennäköisesti taittuu parhaiten. Hän oli pitkä ja luiseva nuorukainen ja hänen kallonmuotonsa kertoi geneettisestä sukulaisuudesta niin sanottuihin Jumalan Poikiin, eli tähteläisiin rotuihin, jollaisia Egyptin mailla ja monen muunkin kulttuurin parissa oli astellut tuhansia vuosia sitten ja asteli edelleen. Jeremiahin kallo oli pitkulainen kuin muinaisen esi-isämme Akenatonin ja hänen puolisonsa Nefertitin. Se kiinnosti minua, siellä tiesin, että tuollaisilla olennoilla oli luonnostaan monesti yhteys tähteläisiin juuriinsa ja korkeita taitoja käytössään. Hermokeskusten aktivoituminen toki tapahtui monella nuorella hieman myöhemmin, mutta Jeremiahin kohdalla kävi pian selväksi, että hän oli hyvin tietoinen sekä Itsestään, että Jumalasta Itsessään.

Vietimme tuon temppelin huomassa ja sen läheisyydessä majoittuen useita päiviä ja öitä. Päivisin olimme yhtä auringon kanssa, yöllä kuun ja tähtien, mutta emme sillä tavoin kuin voisit ajatella "pakanoiden" olleen historiallisina aikoina. Emme toki luulleet, että taivaankappaleet olisivat itsessään jumalia, mutta tiesimme, että ne edustivat tiettyjä voimia omassa olemuksessamme ja sen takia riiteillä eli rituaaleilla oli ja on arvonsa. Sinussa ja minussa, meissä on KAIKKI. Kaikki on Itsessä ja Itse on kaikessa. Siksi myös taivaankappaleet ja se energia, mitä kukin edustaa, löytyy itsestämme. Temppelin merkitys on merkitä nuo paikat äitimaan pinnalla, mutta myös vahvistaa niitä ihmisessä itsessään.

Me teimme paljon pelkojen voittamisen harjoitteita, katsellen tuon alueen krokotiileja. Niitä ruokittiin siellä, siksihän ne siellä niin viihtyivätkin, mutta vaikka sinä tietäisit, että on todennäköistä etteivät krokotiilit kiinnostu sinusta melko kylläisinä, uidessasi niiden alueen poikki, niin tietääkö sinun alitajuinen automaattinen hermostosi sitä? Kyse oli tuon osa-alueen voittamisesta itsessämme ja tietenkin myös psykologisen kuolemanpelon voittamisesta ja osin myös rohkeuskokeesta, jollaisia vihkimystiellä oli ja on edelleen paljon, ennen kuin oppilas on valmis.

Itse vihkimys tapahtui lopulta siten, että vuoron perään uimme temppelin veden täyttämän kuilun tai käytävän kautta sen toiselle puolen. Puolivälissä käytävää oli voimallinen energeettinen piste tai portti, jossa kohtasimme erityisellä intensiteetillä pelkomme, jokainen yksilöllisellä tavalla. Itse asiassa loppu, eli uiminen läheltä krokotiileja ei ollutkaan tämän vihkimyksen vaikein vaihe. Vaikeudet ovat aina sisäisiä ja kun sisäinen krokotiili on voitettu, ovat ulkoiset vain lastenleikkiä.

Minua kiusoiteltiin paljon myös sillä, että serkkuni epäili minun olevan sekä hyvin luiseva ja sitkas herkkupala matelijaystävillemme, että myös niin äkäinen suuttuessani, että Niilin vartijat pelkäsivät minua enemmän kuin minä niitä. Voi olla, mutta toisaalta, kun katselin niiden olemusta temppelin läheisyydessä ja muuallakin totesin, että ne todella osaavat OLLA LÄSNÄ, nauttia auringosta, vedestä ja aivan kaikesta elämässään. Luulen, että se johtuu siitä, ettei niillä ollut mitään pelättävää... Ne luottivat ihmiseen ja muitakaan vihollisia niillä ei tuolla alueella ollut. Ilman pelkoa on myös ihmisen niin helppoa elää rauhassa, ja virrassa... Kuten krokotiilien Niilin virtauksessa.

Onnistuivatko kaikki oppilaat Kom Ombon rohkeuskokeessa? Valitettavasti eivät, mutta heille tuli ja tulee varmasti mahdollisuus yrittää uudelleen, samassa tai toisessa inkarnaatiossa. Sinäkin lukija, olet saattanut kokea rohkeuskokeen Kom Ombossa tai jossain muussa temppelissä, tai koet sitä parastaikaa omassa arkielämässäsi, joka oli ja on edelleen paras ja tehokkain koulutuksen muoto.

JEREMIAH

Kerroin äsken kokelaasta, josta tuli minulle kuin veli hyvin nopeasti Kom Ombon alueella oleskeluni aikaan ja myöhemmin tapasin häntä myös Aleksandriassa, hänen asioidessaan temppeleiden välillä. Minulla oli tähän hienoon herkkään sieluun varmasti aiempien elämien yhteys, muuten ei tuollaista tuttuuden puuskaa voine selittää. Olimme kuin kaksi kikattavaa lasta yhdessä, vaikka muutoin roolimme vaativat itsehillintää eri tilanteissa. Egyptistä lähtiessä suurin suruni oli erota veljestäni, vaikka hän vakuutti, että elämän täytyi olla armollinen ja tuoda meidät taas pian yhteen.

Kerran ollessamme kävelyllä Aleksandrian temppelin lähistöllä auringonlaskun aikaan, hän pyysi minut kanssaan virran rannalle, mietiskelemään tiettyä tähteä tai tähtikuviota joka alkoi jo erottua taivaalla hämärän alettua laskeutua.

Istuuduin huivini päälle ja kohotin kasvoni kohden taivasta. Jeremiah pyysi ottamaan intuitiivisen yhteyden tuohon tähtikuvioon, jota kutsutte nimellä Seulaset. Koin voimakkaan yhteyden ja tuttuuden tunteen. Sisäisyydessäni vilisi kuvia olennoista, joita itsekin olin tavannut ja jotka tunsin jopa sukulaisiksi. Hätkähdin hämmästyksestä ja avasin silmäni, huomatakseni että Jeremiah katseli minua ja hän tiesi tai koki saman minkä itse olin juuri kokenut.

–Niin, me olemme tähtien lapsia molemmat. Juuremme ovat tähdissä, ja sukulaisemme ovat edelleen siellä ja ajoittain vierailevat luonamme, arjessa tai unessa tai sekä että! Jeremiah katseli taivaalle ja näytti nauttivan avaruudesta yllään ja sisällään. Minä tiesin, että tuo kaikki oli totta. Olin saanut outoja unia tähtijoukoista ja koin, että siellä oli meillä paljon ystäviä. Myös Isoäiti Anna oli hyvin tähteläisen oloinen olemukseltaan ja kantoi suurta tehtävää sydämessään ja harteillaan.

Sanoin Jeremiahille olevani hyvin kiitollinen tästä uudistuneesta yhteydestä sekä tähtiin, että häneen ja talletin tuon voimallisen illan sieluuni ja henkeeni pysyvästi. Myöhemmin yhteyteni Plejadilaisiin valon joukkoihin aktivoitui lisää ja myös Valoaluksilla vierailin useasti, sekä Jeshuan kanssa, että ilman häntä. Yhteys Jeremiahiin säilyi läpi elämän ja läpi näennäisen kuoleman. Dualistiset vaihtelut eivät todella voi vaikuttaa siihen mitä me henkenä olemme. Olemme sen kaltaisen unennäön tuolla puolen. Sinä myös, Ystävä kallis.

MARIAM

Egyptissä Jeremiah oli veljeni, mutta Mariam oli sisareni. Vaikka hän sukulaisena oli serkkuni, niin henkisesti hän oli sisareni ja samasta puusta veistetty. Puiseva hän ei ollut luonteeltaan kuitenkaan, vaikkakin paljon tasaisempi kuin minä, joka ajoittain painin ailahtelevaisen luonteeni kanssa.

Mariam oli ollut minulle suuri tuki ja turva, kun tulin Karmelin yhteisöön. Olin kiukutteleva kakara tuolloin ja kaikki yrittivät sietää luonnettani, itseni mukaan lukien... Mariam ei koskaan tuominnut, vaan näki minussa itsensä. Hän eli todeksi sen, mistä minä tuolloin vain olin kuullut puhuttavan ihannoitavaan sävyyn: Hän näki valon sisälläni, siellä missä minä itsekin näin vain pimeyden. Meistä tuli erottamattomat ja sitä olimme myös Egyptissä, vaikka pienen pieni kaihertava tunne olikin välillämme, liittyen Jeshuaan ja hänen "suosionsa valokeilassa" paistattelemiseen.

Vaikka koin ajoittain mustasukkaisuuden kavalan käärmeen yrittävän tehdä pesää sydämeeni, niin tiesin, että siihen en tahtonut samaistua. Siksi pyysin heti apua ja apua myös sain, henkitasolta ja Korkeammalta Itseltäni, Pyhyydeltä, joka on Yksi Itse, jokaisen muodon sisällä ja ympärillä.

Mariam jakoi kanssani siis myös Egyptin vihkimyk-
set, etenimme lähes käsikädessä, mutta hänen suun-
tansa oli hieman erilainen kuin minun. Hän keskittyi
mentaaliseen oivalluskykyyn enemmän, kun taas
minä elin sydämellä ja tahdoin intohimoisesti lievit-
tää kärsimystä ja parantaa. Tahdoin parantaa niin
paljon, että taisin unohtaa MIKÄ parantaja todelli-
suudessa on. Sehän oli ja on aina ihmisen oma mieli,
joka ottaa vastaan Armon ja mieli parantaa kehon ja
jos Armoa ei oteta vastaan, paranemista ei näytä ta-
pahtuvan.

Olin melko kärsimätön luonne vielä tuolloin, ensim-
mäisellä matkallamme Egyptin maille ja tahdoin op-
pia kaiken aivan HETI. Tahdoin olla suuri parantaja
siis ja jos tarkemmin ajatellaan, niin kukas se siellä
päätään nosti, ellei egomieli, joka tahtoi jotakin
muuta kuin mikä oli Korkeimman Tahto osalleni,
juuri siinä hetkessä. Myöhemmin minusta Tuli kuin
tulikin parantaja, mutta sen aika ei ollut vielä tuol-
loin.

Mariam yritti toppuutella ja rauhoitella vauhtiani,
mutta olin hyvin innoissani niistä vielä vähäisistä
parantamisen onnistumisista, joita olin kokenut. Yk-
sinkertaistin asioita hyvin paljon. Tahdoin, että jo-
kainen "toinen" paranee ja mieluiten salamanno-
peasti, siellä luulin tietäväni mikä oli muille hyväksi,
vaikka en tiennyt mikä itsellenikään parhaaksi oli.

Mutta oppia ikä kaikki, kuten teidän aikananne sanotaan. Meilläkin oli tuo sama ajatus ja sitä sovellettiin varsinkin opinnoissaan alussa olevien noviisien elämään ja minä totisesti olin juuri sellainen, noviisien noviisi, vaikka muuta luulin.

Mariam oli tuolloin jo pidemmällä ja katsoi laajempaa kuvaa kussakin tilanteessa, johon jouduimme tai pääsimme. Häneltä opin paljon rauhallisessa keskuksessa pysymisestä ja spontaanin luonteeni rauhoittamisesta, sillä toki luonteet ovat erilaisia eri yksilöillä kun vielä koetaan yksilöllistä elämää maailmassa Tosin spontaanisuus ja se, että reagoin tunteella niin paljon, ovat hieman eri asioita. Tunteella reagointi tarkoittaa, että emootio on ottanut vallan ja emootio taas on aivan eri asia kuin Rakkaus.

Mariam kulki kanssani kaikki riitit, rituaalit ja Isiksen eli Jumalallisen äidin energiaan sukeltamisen täydellisesti. Minä opetin hänelle tunteen paloa, heittäytymistä ilman liikaa analysointia ja pidättelyä. Olimme siis kuin kaksi Mariaa, ja sitähän me olimmekin!

Myöhemmin kun minun liittoni Jeshuan kanssa alkoi todenteolla, oli Mariam suureksi avuksi rakastettuni elämäntehtävässä. Tästä Jeshuan elämän osa-alueesta teidän aikananne kerrotaan "kolmena Mariana". Meitä oli todella kolme viisasta naista hänen lähellään, Jeshuan ensimmäinen vaimo Myriam mukaan luettuna, hänen ikätovereinaan ja sen lisäksi vielä sukumme vanhemmat viisaat naiset, Jeshuan äiti ja isoäiti Anna suurimpina vaikuttajina.

Kun tuli aika siirtyä tällä matkallamme Gizan pyramidivihkimyksen kokemiseen, niin senkin saimme tehdä yhdessä sieluni sisaren kanssa. Minulle tuosta vihkimyksestä oli vähällä tulla käännekohta ja tuon kertaisen elämän loppupiste, mutta Korkein tahtoi muuta. Ja suurena pelastajan toimi isäni Joosef.

PYRAMIDIVIHKIMYS

Olet kenties lukenut muista teoksista, myös Mystinen ruusu teoksesta, Jeshuan Osiris - Isis -vihkimyksestä eli haudan riitistä. Vielä nykyäänkin vihkimystie on samanlainen, vaikkakin vihkimyksiä annetaan paljolti unen tasolla ja myös ihan arkisen elämäntapahtumien kautta.

Jeshuan suunnitelmana oli kylvää ylösnousemuksen valokoodit ihmiskunnan DNA:han ja sen hän myös teki. Olimme mukana tässä suuressa työssä hyvin voimallisesti. Jotta tulimme valmiiksi auttamaan Jeshuaa suorittamaan työnsä, meidän tuli valmistua

Jumalattaren eli feminiinisen Kristuksen kanaviksi toimimaan Yhtenä Pyhän Äidin prinsiipin kanssa.

Meidän roolimme ei ollut aivan samanlainen kuin Mestaripuolisoni, joten meidän vihkimyksemme Gizassa oli myös omanlaisensa. Siihen liittyi paljon symboliikkaa, voimakkaita energioita, Pyhän geometrian Mer Ka Ba -valokehon aktivointeja, sekä mantroja ja äänen avulla aktivoitumista, mutta me koimme Mariamin kanssa vihkimykset jonkin verran kevyempinä kuin Jeshua, tai näin ainakin oli määrä olla.

Sanoisinko, että vaatimustaso ei ollut aivan samanlainen kuin Mestari Jeshualla. Se ei tarkoita, että olisimme selvinneet helpommalla, vaan jokaisella näennäisen yksilöllisellä ihmisellä ON oma kotiinpaluun eli henkeen paluun reittinsä, joka on luotu samalla hetkellä, kuin niin sanotun lankeemuksen eli erillisyyden uni alkoi.

Tuo paluun reitti on Pyhän Hengen versio unesta, jossa nyt olet.

Joka hetki jokaisella sinulla on valta valita, noudatatko Pyhää käsikirjotusta vai egon eli pelon suunnitelmaa.

Kun saavuimme Gizaan seurasi monenlaisia valmisteluja haudan riittiä varten. En ollut lainkaan jännittynyt tai huolestunut, olinhan omasta mielestäni täysin valmis ja vieläpä suuri parantaja. Mariam oli tavallista hiljaisempi ja kääntyi sisäänpäin ja siitä tiesin, että hän koki valmistautumisenkin hyvin syvällisesti.

Me valmistuimme lähes samaan aikaan, Mariam vähän minua aiemmin ja kun hänen kolme ja puoli päiväänsä haudassa oli ohitse, näin hänen palaavan hieman heikkona, mutta loistavin silmin. Meille sallittiin pieni halaus, mutta ei keskustelua ja sitten oli minun vuoroni.

Kaksi papitarta saattoi minut suuren pyramidin alla oleviin käytäviin. Usko pois, niitä on paljon enemmän, mitä nyt luulette. Pyramidialueen alla on kokonainen käytäväverkosto, voisiko sanoa, maanalainen kaupunki. Kuitenkaan kaikki käytävät ja maanalaiset kohteet eivät ole fyysisin silmin näkyvissä, osa kuitenkin on.

Materialisoinnin voimaa kokeiltiin ja opittiin tuolla käytävissä, ajatuksen hallintaa ja edelleen pelottomuutta, jota Kom Ombossakin harjoittelimme. Se kaikki piti nyt jo luonnollisesti osata, eikä langeta pelon verkkoihin.

Minä olin materialisoinut melkeinpä itsekseen jo nuoresta lapsesta saakka. Se tapahtui kuin automaattisesti, olin oppinut sen toisessa elämässä jo, joten tämä pyramidivihkimyksen osa sujui minulta kuin tanssi.

Sitten tuli aika nousta ylös kammioon, jota kutsutte nyt Kuningattaren kammioksi. Siellä sain kokea luomisen alun ja lopun, elämänkukan voiman itsessäni ja kaiken mikä ilmenee salaisuus avautui mieleni saleissa. Olin ihastuksissani.

Tämä vaihe kesti muutamia tunteja. Sen jälkeen sain juoda vahvoja yrttejä, jotta jaksaisin tulevat koettelemukset, Osiris-Isis -riitin, joka tarkoitti ja tarkoittaa kuoleman harhan voittamista. Kuoleman pisto on viimeinen egon käyttämä harha "ihmisensä" pitämisessä illuusion unessa. Kun tuo harha on selätetty, on Vihkimysten polku avoinna Korkeuksiin saakka.

Olet kenties kuullut puhuttavan tai itsekin jo luonut valokehoa. Hyvällä lapsella on monta nimeä, te sanotte... Sateenkaarikeho, timanttikeho, ylösnousemuskeho tai Egyptiläisittäin Mer Ka Ba on pyhää geometriaa ilmentävä ajoneuvomme, tie korkeampiin dimensioihin, pois Maaplaneetan peleistä ja kuvioista.

Sitä olimme luoneet, kutoneet ja aktivoineet jo monin eri tavoin, mutta prosessi oli vielä kesken.

Vihkimys huipentui kuninkaan kammiossa, johon minut saatettiin muiden vihittävien tapaan sarkofagiin lepäämään ja yrttien voima vaikutti. Minua vihkivien pappien henkinen voima oli valtava. He totisesti olivat alansa asiantuntijoita. Nopeasti irtosin kehostani kuin perhonen kotelonsa jättäessään ja koin olevani laajempi kuin koskaan ennen, vaikka kehosta irtoaminen, varsinkin unen aikana, oli minulle hyvin tuttua ennestään. Tässä vihkimyskokemuksessa oli jotakin paljon enemmän. Kuin kokemus olisi ollut potenssiin tuhat, verrattuna aiempiin. Koin kuoleman valheellisen kokemuksen, kun se riisuu hengen pois maallisesta tomumajastaan hitaasti alhaalta jaloista alkaen energiakeskus kerrallaan. Kun kokemus eteni sydämen tasolle koin todella kuolevani, ehdin ajatella vain, että loppuni todella koitti ja melkein niin kävikin.

Tuossa kokemuksessa olin sidottuna fyysiseen kehoon ja pyramidin kammioon. En ollut vapaa kuten unien tasolla, liitämään minne mieleni teki mennä. Näin hopealangan, jolla sieluni oli sidottu kiinni palleakeskukseen. Heiluin kuin leija fyysisen kehon yläpuolella. Olin tietoinen vihkijöiden energiasta ja olemuksista. Toinen heistä vain meditoi ja piti energiaa yllä tuossa vaiheessa, toinen toimi kanssani tarkastellen tapahtumaa selvänäköisesti.

Sitten sain vieraita. Kaksi demonista hahmoa ilmestyi viereeni ryhtyen pilkkaamaan minua. Sain kuulla heidän taholtaan kaiken sen, mistä alitajuntani oli keksinyt minua syyttää ja sain tutustua myös ylpeyteeni suuren parantajan roolissani. Olin tiennyt, että vihkimyksessä voisin saada kohdata varjoni eri muodoissa, joten en hätkähtänyt demonisia hahmoja erityisen paljon, pikemminkin komensin heitä, uskoin olevani heitä vahvempi. Mutta vähänpä tiesin todellisesta vahvuudesta. Demonit edustavat aina henkilön omia varjoja ja ovat osa tietoisuuttamme. Minä kuitenkin vielä tuolloin hieman uskoin itseni ulkopuolisiin olentoihin ja asioihin, jotka voisivat häiritä epäoikeudenmukaisesti rauhaani. Niinpä otin vieraisiini pomottavan asenteen ja se oli virhe.

Mikään tumma ei koskaan kestä rakkauden valoa, mutta minun rakkauteni pimeyttä ja sen edustajia tai symboleja kohtaan ei ollut vielä herännyt. Myötätuntoni ei yltänyt vielä niin syvälle sydämen sopukoihin. Niinpä vihkimyksestäni tuli pitkä ja pimeä voimien koettelemus ja kehoni meinasi uupua täysin.

Tuossa tilassa en tietenkään tiennyt ajankulusta mitään. Minua piinattiin, vai voisiko sanoa, että Itse piinasin itseäni. Olin itsepäinen kuin oinaspässi. En halunnut nähdä totuutta demoneistani, joista tuli parhaat opettajani. Ajoittain menetin tietoisuuteni ja vajosin "pelastavaan" tiedottomuuteen. Sitten taas heräsin ja piina jatkui. Sieluni rakastettu Jeshua tuli henkisessä muodossa auttamaan, mutta kukaan ei voinut tehdä muutoksia prosessiin puolestani. Jääräpäinen asenteeni kertoi että "minä tiedän paremmin" ja ajattelin, että vihkimyksen tarkoitus oli se, että minä osoitan kiusanhengille ettei minua määräillä, vaan minä määrään.

Lopulta isäni Joosef, joka oli käynyt useaan kertaan henkenä luonani, onnistui oivalluttamaan minut myötätuntoisen rakkauden pariin taas. Toki minussa oli se, myötätunto ja oivalluskyky, mutta syystä taikka toisesta en ollut siihen yhteydessä, vaan pidin oman linjani ja puolustauduin. Kuka meissä onkaan se, joka luulee että tarvitsee puolustautua? Kuka tai mikä osamme on varma, että hyökkäys on paras puolustus?

Isäni oli tunnettu erinomaisena diplomaattina ja hän sai tyttärensä eli minut myös oivaltamaan diplomatian perusteen; ei ole vain yhtä oikeaa katsantokantaa, vaan asettuminen toisen asemaan toi yllättävän näkökannan muutoksen ja avun tässäkin minun tapauksessani. Yhtäkkiä näin demonit osana omaa Itseäni, osana haavoitettua sydäntäni ja myötätuntoni

"heitä" eli Itseäni kohtaan heräsi. Se oli kaikenkatta-
va ja kaiken täyttävä rakkaus, jolla ei itse asiassa ol-
lut mitään kohdetta. Se oli ydinolemukseni, yhdessä
Jumalan kanssa ja ihme tapahtui!

Demonit hävisivät sinne mistä ne olivat tulleetkin,
eli mieleni avaruuteen, tyhjyyteen. Aloin heräillä
fyysisen kehon tietoisuuteen. Aiemmin olin kokenut,
että vaikka tahdoin palata kehooni ja lopettaa vihki-
myksen kesken, se ei onnistunut.

Nyt palasin takaisin ja vihkijät, jotka olivat vaihtu-
neet poissa ollessani, olivat erittäin helpottuneita. En
ollutkaan luopunut tomumajastani lopullisesti. Olin
kuitenkin hyvin heikko ja silmäni eivät kestäneet va-
loa. Pikku hiljaa toivuin kuitenkin niin paljon, että
saatoin palata saattajieni kanssa Aleksandriaan suku-
laistemme luokse ja Mariam riensi vastaan silmät
huolesta ja huojennuksesta ymmyrkäisinä. Valah-
dimme toistemme kaulaan pitkään halaukseen ja
Mariam itki, varmasti eniten helpotuksesta. Minun-
kin silmäni kostuivat, mutta vain ilosta. Olin palan-
nut takaisin sukulaisteni luokse mutta eteenkin, olin
palannut takaisin Rakkauteen ja Todelliseen Itseeni,
joka oli osin ollut unohduksissa nuoruuteni tunne-
myrskyissä.

Menikö vihkimykseni siis penkin alle? Epäonnis-
tuinko surkeasti? Ei, vaan onnistuin. Koin juuri sen,

mikä pitikin kokea ja tuon kokemuksen jälkeen koin olevani valmis aloittamaan myös aktiivisen yhteyden Mestaripuolisoni Jeshuan kanssa. Vuorokaudet pyramidissa olivat tuoneet hänet vain lähemmäs minua. Olin tuntenut hänen voimakkaan valonsa ja henkisen tukensa ja TIESIN, että tulisin olemaan hänen apunaan kun hän vielä tulisi Egyptiin kokemaan oman vihkimyksensä tuossa samassa paikassa. Hän oli sitä jo aiemmin harjoitellut ja hän tulisi toteuttamaan sen elämäntehtävänsä mukaisesti myös koko Maan väestön auttamiseksi, kuten suuri suunnitelma kertoi.

Nyt kuitenkin alkoi olla meidän opintomme faaraoiden mailla tuolle kertaa suoritettu ja sukuni miehetkin olivat kokoontuneet Aleksandriaan jälleen, kukin omalta suunnaltaan ja omista tehtävistään palaillen.

Mariamin mieli palautui pian aurinkoiseksi ja vaihdoimme kuulumisia, moneltakin tasolta koettuja. Hänen vihkimyksensä oli ollut huomattavasti helpompi ja valoisampi, ilman negatiivisten voimien kanssa painiskelua. Hän oli ilmeisesti jo aiemmin tuollaiset esteet tieltään voittanut.

Kun viimein viikkojen jälkeen palasimme Karmeliin, oli Jeshuakin jo taas paikanpäällä ja tällä kertaa kohtaamisemme olikin jo täynnä intohimoa ja rakkauden paloa varsinkin energeettisesti, eri tavalla kuin aiemmin. Hän kertoi olleensa tietoinen minun vihkimykseni aikaisista tapahtumista ja luottaneensa, että Korkein on kanssani ja olen Hänen Enkeliensä suojassa, vaikka muulta tuntuisi...

Olimme kasvaneet ulos ujoudesta ja viimeisestäkin epävarmuudesta toistemme suhteen. Varsinainen yhteinen tiemme saattoi alkaa Mystisen ruusun tuoksun saattelemana.

MINÄ OLEN SE

Lähdin tuolloin nuorena tyttönä lähinnä kulttuurimatkalle Egyptiin ja osaltaan myös koska ajattelin, että niin "pitää tehdä" koska sukuni jäsenet olivat kaikki enemmän tai vähemmän henkisellä tiellä ja ottaneet monenlaisia vihkimyksiä niin Karmelissa kuin muualla Äitimaan voimapaikoilla. Kuitenkin, kuten sanonta kuuluu: "Aloitettu työ motivoi ja palkitsee...". Palattuani koin olevani eri ihminen ja kokemukseni elämästä ja aivan kaikesta syveni tavoin, jota on vaikea kuvata.

Arki ennen ja jälkeen vihkimysmatkamme oli erilaista. Vaikka elimme yhteisössä ja meillä oli tutut työmme ja rituaalimme sekä kokoontumiset, niin elämästäni oli tullut enemmän Elämää. Olin enemmän ELOSSA. Ja se en ollut "minä", joka eli, vaan minua elettiin, voimallisesti.

Jeshualla oli omat matkansa ja kokoontumisensa, emme olleet tuolloin niin paljon yhdessä kuin olisin toivonut, mutta yhteistä aikaakin oli paljon.

Tiesin, että Jeshua valmistautui ylösnousemuksen demonstrointiin ja tapahtuma olisi myös Armon Uuden Liiton huipentuma. Esi-Isämme Akenaton tuli tuomaan Armon Uutta Liittoa Korkeimman ja ihmisen välille. Jeshua tuli jatkamaan hänen työtään ja viemään sen loppuu, jotta jäljessä tulevilla olisi nopeampi ja suora tie Valoon ja Vapauteen, ilman turhaa kärsimystä ja pyörimistä jälleensyntymän pyörässä.

Armo tuotiin vastalääkkeeksi karman pitkälle tielle.

Jatkoin meditoimista palattuani vihkimysmatkalta ja koin voimakkaita Ykseyden ja Rakkauden tiloja. Ne olivat ja ovat Olemisen tiloja, eivät tiloja jotka tulevat ja menevät, vaan tila joka aina ON. Olet kenties kuullut viisauden: Vain Jumala On. Se on niin totta. Mitään muuta Ei Ole, kuin vain tuo Yksi, joka aina ON. Sinä olet Se. Minä olen se. Jokainen, joka kokee olevansa olemassa, on Se sama. Se yksi ilmenee jokaisen muodon kautta, asuttaen muodon ja samalla se on kaikkien muotojen taustalla oleva (läsnä)oleminen.

Kuten aiemmassa kirjassamme Mystinen Ruusu kerroimme, tantrinen kosminen seksuaalisuus oli ja on edelleen voimakas henkisen ylösnousemuksen ja valokehon luomisen jouduttaja. Jos tahdot lisää pontta omalle tiellesi, opiskele meditaatiotekniikka, jonka annoimme aiemmassa teoksessa. Energian kierrättäminen chakrajärjestelmässä tuo Valon ja yhteyden Sisäiseen Rakkaaseen. Ulkoinen ja sisäinen sulautuvat yhteen ja vain sisäinen jää. Ei ole olemassa mitään sellaista kuin "ulkoinen maailma" todellisuudessa, vaan kaikki ja AIVAN KAIKKI on sisäistä.

Kaikki tapahtuu siellä, suuressa mielessä, mielesi luonnossa. Ja kun luet tätä tekstiä, myös se tapahtuu siellä, Itsessäsi.

Minä Maria Magdalena, olen yksi sinun oman Korkemman Itsesi edustajista. Olen sen Yhden ottama ääni ja symbolinen kuva. Olen osa Sinua. Et voisi havaita mitään, mikä ei ole osa itseäsi, eikö vaan?

Kaiken tämän minä opin vihkimykseni kautta ja myös opiskellessani Magdalena -koulutuksessa sukumme naisten opastuksella. Meistä tuli eläviä ISIKSIÄ. Eli Pyhän äidin ilmentymiä ja näin kadotimme minuutemme, hyvällä tavalla, Korkeimman

Äidin hyväksi. Äidin palvelijoina me naiset yhdessä muodostimme myös valtavan voimakkaan tuen toisillemme, voimapiirin, jollaisia toivoisin ihmisten yhä enemmän sinunkin ajassasi muodostavan.

Tuen antaminen ja sen vastaanottaminen ovat myös hyvä tapa oppia, että antaminen ja saaminen ovat totuudessa sama asia.

Minun roolini Mestaripuolisoni rinnalla oli siis toimia feminiinisenä Kristuksena. Sinun aikanasi Jumalatar on jälleen palaamassa tietoisuuteen ja elämäänne pitkän patriarkaalisen ajan jälkeen. Pyhä Äiti on palaamassa, ei ollakseen "parempi" tai "johdossa" Pyhän Isän tietoisuuteen ja olemukseen nähden, vaan tasavertaisena, kuten kuuluukin olla, jotta valon ja energian virtaukset myös ihmisen kehoissa pääsevät nousemaan parhaalla tavalla.

Ihminen on kosmos pienoiskoossa. Jumalan ja Jumalattaren energiat ilmenevät ihmisen järjestelmässä ja hakevat tasapainoa. Jos vain aktiivisuus on vallalla, myötäileväisyys kuten vesi elementtinä ei virtaa, vaan ihminen on suorittaja. Silloin elämästä ei nautita, ei edes eletä todella, vaan suoritetaan elämää. Siksi Jumalatar lempeine olemuksineen nousee nyt aikakausien hiljaiselon jälkeen tasavertaiseksi Isä Jumalan rinnalle.

Olet kuullut varmasti Intian uskonnoista jumalista Siva ja hänen Shaktinsa. Tuon kaltaista tasapainoa mekin muinoin haimme ja sen saavutimme ja toki emme jääneet siihen, vaan se on vain yksi askel ylös ei-kaksinaisuuteen, jossa oleminen yhtyy ei-olemiseen ja suhteellinen sulaa absoluuttiseen Ykseyteen, jolle ei sanoja löydy.

Sellaiset tilat vain koetaan ja huomataan, että hyvä ja pahakin ovat vain suhteessa toisiinsa ja tosiasiassa mitään "pahaa" ei ole olemassa. Vain Jumala ON ja Hän on aina hyvä, joka ei pahasta tiedä.

Aiemmassa kirjassa kerrottiin myös Mestaripuolisoni vihkimyksestä suuressa pyramidissa ja siitä, että myös me Mariamin ja Myriamin kanssa olimme paikalla tukemassa hänen kokemustaan ja läpimurtoaan.

Tuon tapauksen jälkeen alkoi aktiivinen työmme parantajina Karmelin seudulla, Jerusalemissa ja muilla lähialueilla. Kuljimme ihmisjoukoissa, Jeshua edustaen Suurta Isää ja syyllisyyden anteeksiantajaa, minä edustaen hänen puolisoaan, feminiinistä Kristusta, suurta Äitiä. Ja tuossa vaiheessa en kokenut olevani enää "suuri parantaja", joten paranemisia tapahtui runsaasti, mutta minä en tietenkään ollut se joka paransi, vaan olin jo astunut pois Korkeimman Parantajan tieltä.

SYNTIMME OVAT ANTEEKSIANNETUT

Aina kun Mestaripuolisoni ilmestyi näköpiiriin ilmapiiri sähköistyi kokonaisuutena ja kun hän ilmestyi minun silmieni eteen, tunsin, että alan loistaa valoa ja iloa spontaanisti. Olin ihmisten tytär, vaikkakaan isäni Joosef Arimatealainen ei ollut enää ihminen kuten se tavanomaisesti ymmärretään, vaan korkeasti vihitty adepti. Äitini, Maria hänkin nimeltään, oli myös hyvin viisas ja tiedostava nainen, suuri tukeni ja turvani. Ja Jeshuan kanssa minusta tuli myös Jumalan puoliso.

Se loiste, jonka Jeshua säteili ympärilleen, oli vieläkin voimallisempaa kuin muiden henkisten Mestarien, joita olin siis paljon tavannut. Hänen luonteensa oli hyvin karismaattinen ja vaikka hän tuohon aikaan oli jo yhtä Korkeimman Isän kanssa, hän oli silti myös olento, muoto, jonka saatoimme nähdä ja josta saatoimme iloita. Hänen muotonsa loisti valoa ja huumoria, sekä kaiken kattavaa rakkautta, joka ei kuitenkaan ole kenties sellaista vaihtokauppaan perustuvaa rakkautta, joksi suurin osa ihmiskuntaa vielä teidänkin päivinänne rakkauden mieltää.

Sanoisin, että hän ei ollut millään tavalla lempeydessään lepsu, vaan voimakas. Ei kääntänyt toista poskea silloin, jos siihen ei ollut syytä. Hän antoi anteeksi aina, mutta ei sillä tapaa, että sen olisi maailman tasolla aina tekoina nähnyt.

Hän antoi anteeksi mielessään ja oli yhtä Korkeimman Mielen kanssa, siksi hänen näennäisesti voimakkaatkin tekonsa, jotka olisi voinut tulkita ei-rakkaudellisiksi, olivat vain ja ainoastaan rakkautta.

Hän ei toiminut persoonastaan käsin, vaan persoona oli haihtunut Jumaluuden tieltä. Siksi hän saattoi kaataa rahanlainaajien pöydät temppelissä ja sanoa puulle, ettei se enää kantaisi hedelmää ja puu totteli.

Hänen tietoisuudessaan ei ollut enää ketään, joka olisi tehnyt suunnitelmia ja valintoja kuten "Teen tuon asian ja en tee tuota, jotta siitä seuraisi tätä ja tuota...", vaan se, mitä hän näytti tekevän maailmassa, oli korkeimman teko ja minä tiesin sen, sillä tunsin hänet läheisemmin kuin kukaan toinen, näin uskallan väittää ja näin Mestarinikin itse asian ilmaisi.

Kun ei ole enää valinnan mahdollisuutta tehdäkö Hänen Tahtonsa mukaan, niin kaikki mikä näyttää tapahtuvan, ON Korkeimman tahto. Niin kauan kuin ilmenee "minä", on vielä näennäinen vapaus valita, vaikka siitä, onko sekään vapaus todellista, voisimme keskustella pitkään.

41

Kuitenkin kun me Mestarini ja ystäviemme kanssa kuljimme parantamassa ja saarnaamassa, se oli voimallista aikaa sekä itsellemme, että kuulijoille ja kokijoille. Mihin tahansa menimme, väkijoukot kerääntyivät ympärillemme. Avun tarvitsijoita oli joskus niin paljon, että meidän piti tehdä ns. katoamistemppu, jotta pääsemme eteenpäin, seuraaville seuduille. Valtaa pitävät ja papit eivät tietenkään pitäneet arvossa toimintaamme.

Olimme uhka vallitsevalle järjestelmälle. Jeshuan maine Messiaana oli levinnyt ja valtaa pitävät luulivat hänen hamuavan maallista valtaa, eivätkä ymmärtäneet, ettei maallinen merkinnyt hänelle enää mitään muuta kuin näyttämöä auttaa ja kertoa Isästä ja Äidistä, sekä vapautumisesta alitajuisesta syyllisyydestä, jota sana synti silloin(kin) tarkoitti.

Kun Mestari paransi ja herätti todellakin muutaman kerran myös kuolleen henkiin, hän teki sen valtavan karismansa avulla, sillä kun hän sanoi: "Sinun syntisi ovat anteeksiannetut", niin sairaan mieli uskoi asian olevan niin ja mieli paransi kehon.

Ajatus on aina ensin, maailma kehoineen on vain seurausten tasoa. Joskus sairaus palasi myöhemmin, kun epäilys palasi mieleen egon voimistumisen myötä, mutta moni parani pysyvästi, sillä kun ihminen oivaltaa, että hän TODELLA ON viaton, ei mikään sairaus missään muodossa voi kehossa taikka mielessä pysyä.

Näin Jeshua opetti teoillaan ja puheillaan ja me muut hänen kanssaan. Moni heistä, joita me tapasimme tuolloin ja jotka meitä seurasivat tai olivat muuten Mestarin lähellä tuossa (tai toisissa) elämässä/elämissä, ovat nyt lukemassa tätä tekstiä tai muita tekstejä, joita Jeshuan elämästä on kirjoitettu ja heidän sydämensä resonoivat ja vahvistavat sen, että kaikki mitä on kerrottu, on totta.

Jeshua ei tullut "kuolemaan sinun syntiesi tähden" vaan hän tuli opettamaan, ettei kuolemaa ole, että on vain ikuinen elämä ja se sinulla on yhdessä Jumalan kanssa.

Kuuntele sisälle päin ystävä kallis. Kuka sinä olet ? Mikä on tehtäväsi Maan päällä? Miksi näytät syntyneen aineeseen? Ja oletko todella "aineessa" eli kehossa, vai oletko koko ajan ollutkin vain siellä kotona, hengessä ja yhtä Todellisen Itsesi kanssa.

YLÖSNOUSEMUS JA ELÄMÄ

Jokainen länsimainen ihminen lie tullut tutuksi Getsemanen tapahtumien kanssa ainakin jollain tapaa.

Tunnetaan viimeinen ateria ja Juudaksen rooli kavaltajana. Näistä kaikista olet kuullut ja muodostanut oman mielipiteesi, tai mielipiteen, joka mieleesi on ujutettu vanhempien, uskonnon opetuksen tai kulttuurillisten seikkojen perusteella. Oletko koskaan tullut ajatelleeksi, millaisen uhrin Juudas teollaan antoi? Voisitko tuntea myötätuntoa häntä kohtaan?

Hän oli todella hyvä ihminen, kuten jokainen ihminen todellisuudessa on ja siksi Mestari onkin Mestari, että hän näkee toisissa tuon Valon heidän sisimmässään vaikka henkilö ei itse sitä näkisi tai vaikka kukaan muu ympärillä ei sitä näkisi.

Jeshuan rakkaus oli sellaista, että hän rakasti ja rakastaa Juudasta kuten parasta ystäväänsä tai oikeastaan kuten Itseään. Rakkaus ei koskaan tuomitse, ei valikoi, ei arvostele, koska se on jo antanut kaiken anteeksi kaikille ja varsinkin Itselleen.

Voitko Sinä antaa anteeksi kaiken kaikille ja olla vapaa tuomion lyijyn raskaasta viitasta? Jos voit, olet valmis palaamaan kotiin lopullisesti ja matkasi ajassa ja paikassa on ohi.

Siihen saakka kun näin on, harjoittelemme kuitenkin edelleen anteeksiantamista sen korkeammassa muodossa. Tuo muoto oivalluttaa meidät huomaamaan, että elämä on suuri uni tai virtuaalinen peli, jonka tarkoituksena on vain havahduttaa unennäkijät unesta. Dualismin peli etenee puolidualismiin ja sitten Ykseyteen, jossa ei kahta tunneta tai kompromisseja tehdä. Viimeistään silloin oivalletaan, ettei kukaan ole kavaltaja tai syyllinen yhtään mihinkään ja jopa maailman eli inkarnaatioiden tasolla on suurta rakkautta näytellä rooli, joka on niin tärkeä näennäisesti egoismin esille tuojana.

Miten Jeshua olisi voinut toteuttaa suunnitelman, joka oli ennalta käsikirjoitettu, elleivät kaikki roolihahmot olisi näytelleet omaa rooliaan täydellisesti?

Juudaksen roolista kirjoitan tässä siksi, että jokainen ihminen kokee olevansa Juudas jossain tilanteessa. Jokainen ihminen joskus syyttää itseään ja kokee pettäneensä itselleen tärkeän ihmisen luottamuksen. Jokainen katuu joskus, sillä jokainen ihminen on sekä näennäisen hyvän, että pahan leikkikenttänä tietoisuudessaan. Mutta suhteellinen (illuusioiden) maailma on vain suhteellinen maailma. Absoluuttisesti olemme kaikki viattomia, jokainen on vapaa ja Juudaskaan ei ollut petturi, vaan näyttelijä Elämän Kirjoittamassa Ylösnousemus -nimisessä näytelmässä.

Se tarkoittaa, että myös Sinä, joka tätä luet, olet täysin viaton ja vapaa ja jo nyt perillä valossa ja rakkaudessa, joka Sinä Olet. Uni eli illuusio, Mayan leikki, jota maailmaksi kutsutaan, on ohi ja Rauha elää sinussa ja sinua.

Minun roolini tuossa näytelmässä oli raskas kantaa silloin, mutta toisaalta olin siihen valmistautunut. Tiesin, että puolisoni tulisi voittamaan kuoleman, nousemaan kuolemattomassa muodossaan ja jatkamaan hetken elämäänsä hyvinkin lähellä meitä seuraajiaan. Mutta tiesin myös, että MIKÄÄN MUOTO, ei edes valomuoto, valokeho, ole ikuinen, vaan sekin on ajallinen. Tuokin muoto tulee sulautumaan aikanaan Absoluuttiin. Oleminen sulaa ei-olemiseen ja palaa autuuden keskukseen. Näin se on jokaisen muodon osalta.

Mutta tämän tietäminen ei tarkoittanut, että olisin ollut täysin sinut sen asian kanssa että puolisoni kehomuoto oli pian vaihtumassa valomuodoksi ja ettemme voisi enää niin pitkään olla yhdessä samoin kuin olimme olleet, vaikkakin Hän vietti aikoja luonamme myös ylösnousemuksen jälkeen, aivan fyysiseltä tuntuvassa ja näyttävässä kehomuodossa esiintyen.

Se muoto ei ollut siis Jeshua -nimisen henkilön tai ihmisen saavuttama valomuoto, vaan Pyhän Hengen ottama muoto. Rajallinen oli hävinnyt Rajattomuuteen.

Olimme sopineet, että kun Ylösnousemuksen prosessi oli valmis Jeshua näyttäytyisi minulle ensimmäisenä. Tiesimme, ettei suurin osa opetuslapsista ja seuraajista ollut täysin valmis kohtaamaan häntä entisenlaisena kehomuotona, vaan osa heistä uskoi hänen todella kuolleen ja poistuneen näyttämöltä. Vaikka osa heistä tarkalleen tiesi mitä ylösnousemuksen demonstrointi tarkoitti, on ihminen kuitenkin aina myös "vain ihminen" ja he surivat mestarin poistumista heidän henkilökohtaisesta elämänsä piiristä. Jeshua oli antanut ohjeet monille meistä jatkoa varten, mutta epäilyksen kavala käärme on valpas nostamaan päätään, kuten voit varmasti kuvitella.

Kun Mestaripuolisoni ilmestyi minulle muutamia päiviä oletetun kuolemansa jälkeen, olin haljeta ilosta! En siksi, olisin epäillyt hänen epäonnistuneen, vaan koska minulla sanalla sanoen oli IKÄVÄ. Hän otti vastaan tyyneydellä suuret tunteeni ja ilonkyynelten vuodatukset ja vietimme kallisarvoisia hetkiä yhdessä. Hän antoi luvan kertoa ilmestymisestään opetuslapsille ja muutamille perheemme jäsenille ja kuten olet ehkä kuullut, osa heistä uskoi minua, mutta osa ei uskonut. Osa opetuslapsista nurisi myös sitä, miksi Hän olisi näyttäytynyt ensimmäisenä minulle, naiselle, eikä jollekin heistä. He usein jaksoivat kinastella siitä, kuka heistä oli Jeshualle rakkain opetuslapsi. Minä tiesin, kuka oli rakkain, mutta ei puuttunut puheeseen...

Jeshua vieraili siis luonamme useaan kertaan ylös-nousemuksensa jälkeen. Vietimme myös hyvin rak-kaudellisia hetkiä toistemme ja Karmelin sukulaisten ja ystävien yhteisön kanssa yhdessä. Erona aiem-paan oli kuitenkin se, että Jeshua ei viipynyt yleensä pitkään. Hän sanoi, että hänellä oli omat tehtävänsä nyt "toisissa dimensioissa" yhdessä muiden valon auttajien kanssa.

Nämä tehtäväkentät olivat ja edelleen ovat hyvin laajoja ja suuria kokonaisuuksia käsittäviä. Minun elämäni jatkui kuitenkin äitimaan päällä vielä vuosia puolisoni poistumisen jälkeen.

Loppuelämäni elin Ranskan maalla ja suoritin oman retriittini loppuun siten, ettei jälleensyntymän pyörä enää ole pakottanut hyppäämään sen rattaisiin, vaan toimin tätä nykyä enemmänkin korkeammilta olemi-sen tasoilta käsin yhdessä ja erikseen sieluni kump-panin kanssa.

MARIAN SIUNAUS

Haluan liittää tähän siunaukseni, jonka annoin jo aiempaan Mystinen Ruusu -kirjaan. Sen jälkeen pu-hun teidän aikanne henkisen kasvun piirteistä verrattuna minun aikaani, ja naisen asemasta, kuten sen täältä "kokonaisuuksien tasolta" näen.

"Siunattu olet sinä kaikkien loistavien joukoissa. Siunattu siksi, että olet se joka olet.

Sinussa asuu vapaus ja voima. Silmiesi loisteessa enkelit voivat lämmitellä ja ladata akkujaan, jatkaessaan rakkauden työtään.

Sinun paikkasi on sinulle annettu Korkeimman toimesta, eikä kukaan koskaan voi sitä sinulta riistää. Usko tämä, niin säästät tuhansien vuosien karmallisen työn syyn ja seurauksen vaihtelevilla poluilla.

Et ole ajallinen olento, olet ikuinen henki.Sinun vapautesi on uskosi varassa. Uskoksi ON tekevä sinut vapaaksi, tai vangitseva sinut.

Toivon, että silmäsi avautuvat näkemään Todellisuuden Itsestäsi ja Elämästä.

Toivon sinun hengittävän elämän henkeä ja kääntävän selkäsi kuoleman harhalle. Kurkota kohden taivasta, sisälle päin.

Kaikki mitä voit koskaan löytää, on vain se YKSI ja sama. Yksi rakkaus, Yksi ruusu ja Yksi olemisen autuus.

Tule rakkaani. Pöytä on katettu ja sinua odotetaan, ei viimeiselle, vaan ensimmäiselle aterialle täysin tietoisesti, kaikkien rakkaittesi ja Äiti-Isä-Jumalan kanssa.

Minä odotan sinua ja sinä tulet."

MARIAT NAISEUDEN ARKKITYYPPEINÄ

Aiemmin jo kerroin "kolmen Marian" osuudesta Jeshuan elämään ja elämäntehtävän toteuttamiseen. Voit nähdä tarinamme Mariat myös naiseuden erilaisina osa-alueina, jokainen on tärkeä osa naiseuden kokonaisuutta ja siten myös Jumalattaren eli Pyhän Äidin olemusta.

Äiti Maria Kristuksen äitinä on tietenkin tärkeä osa naiseutta äitinä, synnyttäjänä ja lempeytenä. Ei ihme, että Äiti Marian sanotaan nousseen maaelämänsä jälkeen enkelten joukkoon. Hän oli enkelimäinen myös eläessään maan päällä, mutta hän EI ollut marttyyri äiti, joka uhrautuu ja vaatii sitten tunnustusta salaa tai avoimesti uhrautumisensa tähden. Hän oli aito nainen, kaikkine olemuspuolineen ja niin jokainen nainen saa olla. Naiseus ei ole koskaan vain yhden kortin varassa, vaan koko elämänkirjo mahtuu niin naiseuteen, kuin mieheyteenkin.

Tärkeä asia, joka on kuitenkin syytä muistaa ja hyväksyä on se, ettei Äiti Maria ollut neitsyt, eikä varsinkaan koko elämäänsä. Valohedelmöitys ja neitseellinen syntymä ovat joskus sama asia, mutta usein eivät. Valohedelmöitettyjä lapsia syntyi meidän sukumme keskuudessa ja muissakin suvuissa tuohon aikaan, mutta samoin syntyi ihan perinteisellä tavalla alkunsa saaneita lapsia, jotka olivat ja ovat yhtä viattomia, kuin valosta alkunsa saaneet pienokaiset. Nyt aika on erilainen kun tätä luet. Teidän ajassanne puhutaan vaikkapa siitä, että joihinkin perheisiin syntyy indigolapsia tai tähtilapsia, joiden DNA on saanut terästystä muista maailmoista.

Onko kyseessä sama vai eri asia kuin valohedelmöitys? Riippuu tapauksesta, mutta tahdon tällä sanoa, että Äiti Maria oli myöskin nainen kaikkine osa alueineen. Tarve tehdä hänestä uhrautuva neitsyt-äiti on peräisin myöhemmiltä ajoilta eli patriarkaalisen pappeuden hedelmä. Joten se jolla on korvat, kuulee...

Mariam serkkuni oli tärkeässä roolissa näytelmässä, josta olen kertonut ja hän oli tärkeässä roolissa myös suhteessa itseeni. Tärkeimpiä peilejä elämässäni, siis.

Mariam naiseuden arkkityyppinä edustaa älykästä ja viisasta naista, jota liika emotionaalisuus ei vie. Hän on järkevä ystävä, joka osaa kuunnella ja jolla on aina viisas neuvo takataskussaan kysyjälle. Hän on myös jollain tapaa Noidan arkkityyppi, sillä tuollainen nainen on itsenäinen, osaa tehdä omat päätöksensä itse tarvitsematta välttämättä miehen apua. Se ei tarkoita, etteikö hän ottaisi huomioon myös muiden ihmisten neuvoja omaan elämäänsä. Heikkoutena tällaisen arkkityypin edustajalla on monesti kyvyttömyys ottaa vastaan apua. Hän ei halua kantaa uhrin viittaa missään tapauksessa, vaan on selviytyjä.

Minun biologinen äitini Maria, oli myös melko lailla tällainen luonne ja hänen haasteenaan oli löytää itsesään johtaja ja jollain tapaa myös kurin pitäjä kotijoukoille, kun isäni matkusti paljon työnsä vuoksi. Hän ja hänenlaisensa kokevat, että jokainen on oma täydellinen itsensä, joten mikä hän on sanomaan kenellekään miten toimia tai elää... Mutta joskus elämä vaatii, että jonkun on otettava päätöksentekijän viitta harteilleen, eikö vaan? Äitini selvisi siitä haasteesta hyvin ja kantoi tuollaista viittaa lopussa jo aivan luonnollisesti auktoriteetilla, joka oli ansaittua.

Kolmas Jeshuaan voimakkaasti liitetty Maria -arkkityyppi on Myriam, joka tarinassamme oli Jeshuan ensimmäinen puoliso. Hän oli vihitty ja viisas nainen, taitava taiteissa, kaunisääninen ja luova, jonka arkkityyppi edustaa myös jollain tavalla maalaisjärkeä, maanläheisyyttä naiseudessa. Hädän hetkellä hänen tapansa lohduttaa on kaapata toinen syleilyynsä ja valmistaa kuppi kuumaa juomaa, jonka ääressä hän kuuntelee, ollen täysin läsnä. Myriamista tuli myöhemmin minulle hyvä ystävä ja olimme kumpikin äitinä Mestarimme valohedelmöitetyille lapsille. Kuten aiemmin kerroin, yhteisön lapset olivat yhteisiä lapsiamme.

Marian Magdalenan arkkityyppi, mikäs se sitten voisi olla? Olin puoliso ennen kaikkea, kosmisen Kristusarkkityypin feminiininen vastine. Mystisen ruusun harjoitukset eli Pyhä Seksuaalisuus kuuluu minun arkkityyppiini. Papit halusivat tehdä minusta porton, eli niin sanotun huonon naisen ja onnistuivatkin pitkäksi historian ajaksi pilaamaan maineeni, mutta totuus tulee aina lopulta ilmi. SE on myös maailman laki, vaikka se ei monesti siltä näyttäisikään.

Mies joka pelkää naisen seksuaalisuutta ja sen voimaa painaa sen mieluusti maan rakoon eikä sitä arvosta, sillä hän kokee, ettei voi hallita naista. Mutta kun mies on kasvanut omassa kehityksessään tuntemaan itsessään niin miesenergian kuin naiseuden ja kokee tasapainoa näiden voimien puristuksessa tai kannattelussa, niin on helppoa oivaltaa, että Suuri Äiti eli Äitikundalini elää jokaisessa ja toimii jokaisen luodun kautta, jollain tapaa, KUN ihminen on valmis antautumaan.

Pyhä seksuaalienergia ei toimi pakon alla. Se ei tunne suorittamisen pakkoa. Mutta kun ihminen on oivaltanut olevansa se, joka hän Henkenä ja Sieluna on, voi tuo voima toimia aktiivisesti, nousta ja tuoda valon. Silloin ei ihminen itse enää elä, vaan Pyhyys elää Hänessä ja Hänestä on tullut Se.

Näin minun arkkityyppini on siis Pyhä Puoliso sisältäen minun kohdallani ainakin kaikki nämä muutkin arkkityypit ja paljon muuta. Elämän tilkkutäkissä on monia kauniin värisiä raitoja ja monia mustia tai harmaita osioita, mutta aina kuitenkin on selvää, että kaikki värit kuuluvat asiaan. Toinen ei ole toista parempi tai huonompi.

Ja kuten on niin monesti sanottu: Rakkaus on kaikki kaikessa, eikä mitään muuta ole olemassa kuin Rakkaus. Näin se vaan on.

VESIMIEHEN MALJASTA

Sinun aikakautesi on Vesimiehen aikaa tai ainakin siihen olette nyt kovaa vauhtia siirtymässä. Minun aikani josta kerron, oli Kalojen aikakausi. Mestaripuolisoni oli ihmisten kalastaja ensi sijassa. Hän sai verkkoonsa paljon saalista ja teki sen työn, joka hänen osakseen oli annettu.

Jokaisella sielulla on suunnitelmansa, ja nimenomaan paluusuunnitelmansa ja elämäntehtävä, jota hän suorittaa eri näytelmissään maan päällä ja kenties maanpäällisten seikkailujen jälkeenkin.

Kalojen aikakautena naisen asema on ollut hyvin vaikea, mutta emme voi syyttää siitä miehiä. Jokainen Sinä olet kuitenkin jo ehtinyt elää sekä miehenä että naisena ja osa meistä myös muunlaisissa tähteläisissä kehoissa, joissa ei ole samalla tavalla eroteltuna miehisiä ja naisellisia ominaisuuksia. Eri aikakausina Pyhä Isä on ollut vallalla ja sitten on ollut taas Pyhän Äidin vuoro ilmentyä ihmiskunnan ja kulttuureiden kautta. Ikuinen muutos on laki maailmassa ja se onkin asia, joka erottaa sinut muuttumattomana henkenä maailmasta muutoksineen ja vaihteluineen.

Sanotte, että se mikä menee ylös, tulee myös alas. Näin on aina maailmassa, kulttuurit kukoistavat ja kuolevat. Ihmiskehot ja kaikki muodot kokevat sen saman, syklisyyden laki ohjaa elämää Maassa. Sinä olet syklien armoilla myös niin kauan kuin uskot olevasi olento, etkä muista kuka olet Henkenä.

Syklisen maailman eli ilmiöitten maailman ohjaavana lakina toimii syyn ja seurauksen laki eli karma ja sen pyörässä ihmiset pyörivät aina siihen saakka, kun he uskovat olevansa "kuolevaisia" olentoja eivätkä MUISTA keitä todella ovat. Tähän Mestari tuli tuomaan muutoksen, jotta jokainen Sinä muistaisi ja hyppäisi sen myötä pois samsaran pyörästä eli kärsimysten pyörästä.

Olen kuullut monen sanovan, että ilman kärsimystä ei olisi kehitystä. Ihminen tuudittuisi vain uinumaan syvemmin onnellisessa unessaan, mutta mistä tiedämme, että näin olisi todella? Onnelliseenkin uneen kyllästyy lopulta ja alkaa kysyä, mistä uni nousee ja mikä sen merkitys on. Tämä kysymys ohjaa kysyjän kääntymään itseensä ja löytämään vastaukset itsestään. Joten ehkä kärsimystä ihannoivat ihmiset ovat vain hyvää pataa egon kanssa ja haluavat uskoa kärsimyksen kirkastavaan voimaan?

Älä sinä enää usko siihen, et tarvitse kärsimystä kirkastuaksesi, sillä olet kirkas ja heleä jo nyt, ja olet ollut sitä koko ajan, ajan taustalla tosin, Todellisuudessa. Pyhä Äiti on lempeä ja sinun aikanasi on vuoro lempeydellä herättää ihmislapsia unesta, ei kärsimyksen kautta. Vesimiehen maljasta ihmiskunta voi ammentaa nopeankin heräämisen nektaria, jos näin tahtoo.

Ikuinen oleminen on Sinunkin tosi identiteettisi. Se perustaa henkeen ja muuttumattomaan autuuteen ja onneen. Sen perusta on Rakkaus. Tuolle perustalle on hyvä rakentaa uusi Olemisen Talo.

Kirjassa joka on tullut Mestarilta avuksenne viimeisinä vuosikymmeninä (IOK) sanotaan: Sinun ei tarvitse tehdä mitään. Tätä lausetta on egomielessä käännetty ja väännetty moneen muotoon, mutta se tarkoittaa, että SINUN henkilönä ei tarvitse tehdä mitään, paitsi antautua Korkeimmalle ja antaa Hänen toimia kauttasi. Tekeminen on todella yliarvostettua maailmassa. Olemiseen kaikki turha touhu häviää ja jos joku teko tarvitaan kussakin hetkessä, nousee se automaattisesti ja itsestään olemisen autuudesta ja kaikkitietoisuudesta.

Juuri se harha, että juuri meidän pitäisi itse olentona ja yksilönä huolehtia itsestämme, tulevasta ja menneestä tai muuten ei "mitään tapahdu", on syy kaikkeen turhaan huoleen ja murehtimiseen. Mennyt ja tuleva ovat vain mielessä olevia ajatuksia, ei muuta.

Kun oivallat, ettei Sinun tarvitse tehdä mitään, opit luottamaan Jumalaan kaikkien tekojen tekijänä. Sinun tekijäminuutesi raukeaa sinne mistä se joskus nousi, eli tyhjyyteen ja koet sellaista autuutta ja rauhaa, ettet voi sitä maallisella oivalluskyvylläsi käsittää. Olet vapaa kokemaan sen juuri Nyt, sillä mitään muuta aikaa kuin Nyt ei ole, eikä ole koskaan ollutkaan. Vain ikuinen Nyt ja Tässä, perillä Itsessä.

MARJUTIN LOPPUSANAT

Kun kirjoitin ja kanavoin Mystinen Ruusu teoksen viime vuonna (2023) koin sen sanoman merkitykselliseksi ja vapauttavaksikin. Jeshuan elämä perheellisenä ja hänen henkiset matkansa sekä suhteensa Maria Magdalenaan ja muihin Marioihin olivat monen lukijankin mielestä hyvin "totta". Meillä on alitajunnassamme tieto siitä, että se mitä perinteinen Kristinuskon opetus meille tahtoo kertoa, ei välttämättä pidä paikkaansa.

Mystinen ruusu on kosmisen tantran tie. Aiempi kirja kuvasi tuota tietä ja Jeshua antoi ja inspiroi avaamaan harjoituksia tien kulkemiseen. Tuossa teoksessa Marian osuus jäi vähemmälle ja koin, että hän Kristuksen feminiinisenä kumppanina ansaitsee tuoda sanomaansa meille, ei vain naisille, vaan kaikille jotka ovat valmiit juomaan Vesimiehen maljasta.

Tässä on tietenkin vain hyvin pieni osa hänen tarinaansa, mutta uskon, että energia jota tämä teos kantaa, antaa myös paljon lukijalleen.

Marian sanoma on lohduttava, sillä hän kertomansa mukaan oli hyvinkin inhimillinen, painiskellen ihmiselle tuttujen tunteiden ja egon ajatusmallien kuten mustasukkaisuuden kanssa. Hän näki kuitenkin itsensä rehellisesti ja halusi muuttua.

Muutos on mahdollinen kun antaudumme Pyhän Itsemme johdatukseen ja luovumme "minä tiedän paremmin" -ajatusmallista. Marian tarina ainakin minulle on esimerkki siitä, että vaikka olemme Ihmisen tyttäriä ja poikia, kuten Jeshuakin oli, niin kuitenkin meissä kaikissa on sama valo ja voima nousta ihmisyydestä Jumaluuteen.

Maria teki sen tulemalla vihityksi ja voittamalla sisäiset demoninsa Rakkaudella. Hänestä tuli myös voimallinen parantaja astumalla pois Korkeimman Parantajan tieltä ja sen jälkeen hän paransi. Pelkästään oivaltaneen seura voi inspiroida myös muita ja koen, että näin tapahtui myös paljon Jeshuan ja Marian aikana. Sinäkin voit olla mahtava inspiraation lähde ympärilläsi eläville ihmisille, vain olemalla Se joka Todella Olet, samaistumatta egoon eli erillisyyden ajatuksiin.

Tätä Ihmeiden Oppikurssissa kutsutaan anteeksiantamiseksi, joka ei ole perinteistä dualistista anteeksiantoa. Tuollainen todellinen anteeksianto tahtoo nähdä, ettei kukaan koskaan ole tehnyt virheitä (eli syntiä) eli jokainen on todella viaton ja on aina ollutkin. Uni erillisyydestä, ON vain unta ja unesta ei ole seurauksia, ei todella.

Viime vuonna vierailin pyhillä paikoilla kuten Stonehengessä ja Glastonburyssä eli Avalonin mailla. Noilla paikoilla myös Jeshua ja Maria vierailivat elinaikanaan. Kävimme ystäväni kanssa myös Skotlannissa mm. Pyhän Graalin legendaan liittyvässä Ruusujen kirkossa, jossa tunnelma oli todella hoitava.

Tänä vuonna tarkoituksena oli matkustaa Ranskaan, johon Maria matkusti loppuelämäkseen, retriittiin, kuten hän tässäkin teoksessa kertoo. Sanotaanhan, että Louvressa on hänen hautansa... Pariisin kisat siirtävät vierailua siellä toistaiseksi, mutta ennen pitkää varmasti Pariisikin taas kutsuu ja samalla pieni aiempien elämien kuulostelu, sillä monia tiivistunnelmaisia näytelmiä on tullut sielläkin koettua.

Kuitenkin, kaikkein pyhin paikka on aina sydämessämme. Pyhyys asuu meissä. Se on tuo Mariankin mainitsema Pyhä Äiti -kundaliini tai sisäinen rakas, Pyhän Hengen läsnäolo olemuksemme ytimessä. Uskon Marian tavoin ettei kärsimyksen piikikäs kruunu ole tarpeen valaistumisen polulla. Olemme jo vastaanottaneet Armon Uuden Liiton ja se tarkoittaa karman pitkällisen tien vaihtoehtoa. Akenaton toi sen ulottuvillemme ja Jeshua teki työn loppuun. Tie on edessämme tai paremminkin sisällämme.

Meillä on valta valita joka hetki, armo tai kärsimys? Kumman Sinä tahdot valita?

Alla olevan runon sanoin sinua siunaten,

Marjut

Viaton

Katseemme on sumuinen
kun erillisyyden airut meitä ohjaa
Valon syttyminen sydämeen
muuttaa kaiken.

Olemme aina Yksi
Aina Viaton
Valon täyttämät
ytimiä myöten

Viisauden viitta harteillasi
Ruusun tuoksu vieraanasi
Ota viimein vastaan totuus siitä
Kuka Olet.

Siunauksin monin
katse kirkas Korkeimman kulkuasi ohjaa
On niin hyvä herätä ja
olla Kotona taas.

Kirjailijan aikaisempaa tuotantoa:

EL, 2024
Mystinen Ruusu, 2023
Seitsemän kuolemansyntiä, 2022
Valoa Päin! 2022
MAX, 2021
Kristallimatriisi, 2021
Valkoinen Kotka, 2020
Vapaaksi Mielen Matriisista, 2020
Sinä Olet Se, 2019
Noita, 2019
Näkijän Silmin, 2018
Peli Nimeltä Elämä, 2018
Pyhä Ihminen, 2017
Samsara on Nirvana, ERA, 2016
Muinaiset, ERA Tikatal, 2015
Pelosta Rakkauteen, 2014
Jumalattaren Paluu, 2013
Amenhotep, Valkoisen Lootuksen Laulu, 2013
Todellisuudesta Unimaan Kielellä, 2012
Adamonin Aika, 2010
Atlantiksen Perintö, 2009
Isäni Taivas, Äitini Maa, 2007, uudistettu painos 2014
Ra'n Mysteerit, 2005
Siunatut Sisaret, 2003
Jumalan Pojat, 2000

Yhteystiedot:

Marjutin kotisivut: http//www.marjutmoisala.com

http://solarelverkkokoulu.nettisivu.org/

Blogi, jossa myös henkisten matkojen kertomuksia Valon Virtaa:
https://solarel.blogspot.com/

Sähköpostiosoite: marjut.moisala@gmail.com

Facebook: https://www.facebook.com/groups/347003935890

Youtube-kanavan nimi Solarel
(Ohjattuja meditaatioita sekä muita videoita iloksesi)